AF343677

TARIF LÉGAL
DES NOTAIRES

DU RESSORT DE

LA COUR D'APPEL DE LYON

*Etabli d'après les dispositions combinées du décret du 25 août 1898
et du décret du 29 janvier 1927*

LYON
IMPRIMERIE M. AUDIN ET COMP.

1927

TARIF LÉGAL

DES NOTAIRES

DU RESSORT DE

LA COUR D'APPEL DE LYON

LYON

IMPRIMERIE M. AUDIN ET COMP.

3, rue Davout

1927

TARIF LÉGAL

*des Notaires du ressort de la Cour d'appel de Lyon,
établi d'après les dispositions combinées du décret du 25 août 1898 et du décret du 29 janvier 1927.*

ARTICLE PREMIER

Les honoraires, vacations, frais de rôles et de voyages,
et autres droits qui peuvent être dus aux notaires à l'occasion des actes de leur ministère sont fixés, pour le ressort de la Cour d'appel de Lyon, conformément au tarif
ci-annexé.

ARTICLE 2

L'honoraire tarifé d'un acte comprend l'émolument de
tous les soins, conseils, consultations, conférences, exa-
mens de pièces, projets et autres travaux relatifs à la rédaction de l'acte.

ARTICLE 3

Les dispositions du présent tarif ne sont point exclu-
sives des émoluments qui peuvent être réclamés par les
notaires, soit pour des travaux autres que la rédaction des
actes, soit pour des missions dont ils seraient chargés à

titre exceptionnel, et qui n'auraient rien d'incompatible avec la nature et la dignité de leur ministère.

Ces émoluments sont réglés à l'amiable sous le contrôle des chambres de discipline.

Les notaires ne peuvent percevoir aucun droit de recette et de comptabilité pour l'encaissement et la garde des fonds et des valeurs déposés en conséquence ou pour l'exécution directe d'un acte de vente ou d'emprunt passé dans leur étude.

ARTICLE 4

Il est interdit aux notaires, sous peine de restitution et de poursuites disciplinaires, s'il y a lieu, d'exiger des droits et honoraires plus élevés que ceux portés au tarif.

Les notaires peuvent faire remise de la totalité des honoraires d'un acte, ils ne peuvent en accorder la remise partielle qu'avec l'autorisation de la chambre de discipline.

ARTICLE 5

Aucun honoraire n'est dû pour l'acte, la copie ou l'extrait déclarés nuls par la faute du notaire.

ARTICLE 6

Lorsqu'un acte contient plusieurs conventions dérivant ou dépendant les unes des autres, il n'est perçu d'honoraires que sur la convention principale.

Si les conventions sont indépendantes et donnent lieu à des droits distincts d'enregistrement, l'honoraire est dû pour chacune d'elles.

ARTICLE 7

Les actes dressés sur projets présentés par les parties donnent droit aux mêmes honoraires que s'ils sont rédigés par le notaire lui-même.

ARTICLE 8

Les notaires doivent réclamer la consignation des frais

qu'ils auront à débourser pour les actes qu'ils sont chargés
de dresser.

ARTICLE 9

Avant tout règlement, les parties peuvent réclamer le
compte détaillé des sommes dont elles sont redevables.

Ce compte est établi sur deux colonnes, l'une destinée
aux déboursés et l'autre aux honoraires; il n'est délivré
qu'une fois.

ARTICLE 10

Le concours d'un second notaire à un même acte n'en
augmente pas l'honoraire. Toutefois, si l'acte est rétribue
par vacation, il est dû des vacations à chaque notaire ins-
trumentant.

ARTICLE 11

Il est interdit aux notaires de partager leurs honoraires
avec un tiers.

Entre les notaires, si le règlement intérieur de la com-
pagnie n'en dispose autrement, le partage se fait de la
manière suivante : le notaire qui garde la minute a droit
à la moitié de l'honoraire, et le notaire en second à l'autre
moitié ; les droits de rôles appartiennent exclusivement au
détenteur de la minute.

ARTICLE 12

Le notaire constitué dépositaire des minutes d'une étude
vacante par décès a droit à la moitié de tous les honoraires
d'actes ou d'expéditions. L'autre moitié revient aux repré-
sentants du notaire décédé, qui sont tenus de supporter
les frais d'étude.

En cas de démission, suspension ou destitution, le notaire commis a droit à tous les produits nets de l'office.

ARTICLE 13

Il est alloué aux notaires, suivant la nature des actes
compris dans le tarif, des honoraires fixes ou gradués,

des honoraires proportionnels, des vacations ou honoraires par rôles de minute.

En outre il leur est alloué des droits de rôles pour les expéditions qui leur sont réclamées.

ARTICLE 14

L'honoraire proportionnel est perçu sur le capital énoncé dans les actes. Lorsqu'il porte sur des sommes excédant cent francs, le calcul se fait sans fraction et par somme ronde de vingt francs en vingt francs.

ARTICLE 15

Dans les contrats ayant pour objet des prestations en nature, l'honoraire est calculé d'après l'évaluation faite pour la perception du droit d'enregistrement.

Lorsque la valeur de l'immeuble n'est pas exprimée dans l'acte, le notaire doit percevoir l'honoraire sur la valeur vénale déclarée par les parties.

ARTICLE 16

L'usufruit et la nue propriété sont respectivement évalués à la moitié de la valeur de la propriété.

Toutefois, la donation avec réserve d'usufruit au profit du donateur donne droit au même honoraire que celle qui porte sur la propriété.

ARTICLE 17

L'honoraire alloué à l'occasion d'un testament ou de dispositions dont l'éxécution est subordonnée au décès, est calculé sur l'actif net que reçoit le bénéficiaire.

Si celui-ci a droit à une réserve, il n'est rien dû sur ce qu'il recueille à ce titre.

ARTICLE 18

L'honoraire n'est perçu qu'une fois sur les valeurs qui

figurent dans plusieurs opérations successives comprises dans un même acte de liquidation.

ARTICLE 19

Pour les actes relatifs à des biens ou droits dont la valeur n'excède pas mille francs, qu'elle que soit la longueur de l'expédition, un notaire ne peut avoir droit qu'à l'émolument des deux rôles.

ARTICLE 20

Il est alloué aux notaires, par vacation de trois heures, 20 francs sans distinction de classe ni de résidence.

La première vacation commencée est due en entier. Les autres se payent en proportion du temps écoulé.

Les actes rétribués par vacations constatent l'heure du commencement et celle de la fin des opérations, ainsi que les interruptions. Dans le cas où il est dû des frais de voyages, le temps employé au voyage ne compte pas dans le calcul des vacations.

ARTICLE 21

L'honoraire par rôle de minute est de 10 francs par rôle de trente cinq lignes à la page et de vingt syllabes à la ligne.

Toutefois pour le cahier des charges de vente judiciaire, il est seulement de 6 francs par rôle.

Les honoraires par rôle de copie de vingt-cinq lignes à la page et de quinze syllabes à la ligne sont fixés :

A 4 francs par rôle d'expédition, de grosses ou d'extraits analytiques sans distinction de classe ni de résidence,

A 0.75 pour les expéditions dont le coût est à la charge de l'Etat, des établissements de bienfaisance et d'assistance et des bénéficiaires de la loi sur les habitations à bon marché;

Et 0.5o pour les expéditions dont le coût est à la charge de l'Administration de l'Enregistrement.

Les copies collationnées donnent lieu à un fixe de 5 francs en sus des droits de rôle.

Le rôle commencé est dû en entier, s'il est seul ; par fraction non inférieure à la moitié, s'il y a plusieurs rôles.

ARTICLE 22

Lorsque le notaire est obligé de se transporter dans une localité éloignée de plus de 2 kilomètres de sa résidence, il perçoit pour frais de voyage, par kilomètre parcouru, en allant et en revenant :

1° 0.75 si le transport a été effectué en chemin de fer ;

2° Si le voyage s'est effectué ou pouvait s'effectuer par un autre service de transport en commun, le prix doit en être fixé d'après le tarif de ce service tant à l'aller qu'au retour.

3° Si le voyage ne pouvait s'effectuer par l'un de ces deux moyens les frais sont fixés à 1.5o par kilomètre tant à l'aller qu'au retour.

Si le déplacement exige plus d'une journée, il est alloué, en outre, 4o francs par journée.

Tout voyage requis la nuit est payé double.

Il n'est alloué qu'un seul droit de transport pour la totalité des actes que le notaire aura faits dans un même déplacement.

ARTICLE 23

Tous actes, quelle que soit leur nature, ayant pour objet le mariage des indigents, le retrait de leurs enfants des hospices et la reconnaissance de leurs enfants naturels, sont reçus gratuitement par les notaires sur la production par les parties intéressées du certificat prévu par l'article 6 de la loi du 10 septembre 185o.

La gratuité s'applique même aux frais de voyage.

Il en est de même des actes reçus dans l'intérêt des per-

sonnes qui ont obtenu le bénéfice de l'assistance judiciaire, lorsqu'ils sont passés à l'occasion ou en exécution des
instances dans lesquelles elles ont figuré, mais seulement
dans le cas où ils doivent être visés pour timbre et enre-
gistrés en débet.

Lorsqu'il s'agit des actes compris au paragraphe préçé-
dent, les honoraires des notaires peuvent être recouvrés
ultérieurement dans les conditions et les formes prévues
par la loi du 22 janvier 1851.

ARTICLE 24

Les notaires doivent tenir dans leur étude, à la disposi-
tion de toute personne qui en fera la demande, un exem-
plaire du tarif fixant leurs honoraires.

---

*NOTA. — Les dispositions du décret du 29 jan-
vier 1927 ne seront applicables que pendant une
durée maxima de cinq ans, à partir du 1ᵉʳ janvier
1927.*

TARIF

Abandon de biens par un héritier bénéficiaire (Art. 802 C. C.)	Moitié des honoraires perçus en matière de vente. Minimum : 10 francs.
Abandon des biens d'une substitution (Art. 1053 C. C.)	A titre onéreux : Honoraires comme en matière de vente. A titre gratuit : Moitié des honoraires perçus en matière de donation. Minimum : 10 francs.
Abandon d'immeubles grevés de servitude (Art. 699 C. C.)	Unilatéral : 10 francs. Conventionnel : Honoraires comme en matière de vente. Minimum : 10 francs.
Abandon de la quotité disponible (Art. 917 C. C.) (Par acte séparé)	Unilatéral : 12 francs. Accepté : Honoraires comme en matière de délivrance de legs.
Acceptation d'abandon (par acte séparé)	8 francs en brevet. 12 francs en minute. Et en plus 4 francs par chaque créancier intervenant dans le même acte, en sus du premier.
Acceptation de cession, de communauté, de délégation, de legs, de nantissement, de successions et toutes les acceptations autres que celles qui seront nommément tarifées (Par acte séparé)	8 francs en brevet. 12 francs en minute.
Acceptation de lettre de change ou autre valeur commerciale	8 francs.

Acceptation d'emploi (Par acte séparé)	*A* Lorsque l'emploi ou le remploi a été fait au moyen d'un achat ou d'un placement ayant donné lieu à un honoraire proportionnel dans l'étude : 12 francs.
	B Dans le cas contraire :
	    de 1 à 20.000 francs : 0.5625 o/o
	    de 20.000 à 50.000 francs : 0.4375 o/o
	    au-dessus................ 0.375 o/o
	Minimum : 12 francs.

Acquiescement pur et simple (Par acte séparé)
8 francs en brevet.
12 francs en minute.
Et en plus 4 francs par chaque partie, en sus de la première, ayant un intérêt distinct et intervenant dans l'acte.

Acte complémentaire, interprétatif, rectificatif
Honoraires par rôles de minutes.

Acte imparfait
Honoraires par rôles de minute.

Acte respectueux
Réquisition : 16 francs.
Notification : 32 francs.
Non compris les rôles de copies.

Adhésion pure et simple (Par acte séparé)
8 francs en brevet.
12 francs en minute.
Et en plus 4 francs par chaque partie, en sus de la première, ayant un intérêt distinct et intervenant dans l'acte.

Adoption testamentaire (Au décès de l'adoptant)

Si le testament est authentique ou mystique
de 1 à 20.000 francs 2.25 o/o.
de 20.000 à 50.000 francs 1.75 o/o.
de 50.000 à 300.000 francs 1.50 o/o.
de 300.000 à 500.000 francs 0.70 o/o.
de 500.000 à 600.000 francs 0.625 o/o.
au-dessus 0.3125 o/o.
Sans préjudice du droit de rédaction du testament.

Si le testament est olographe
Moitié des honoraires ci-dessus.

Minimum : 24 francs.

Affectation hypothécaire

Par acte séparé
12 francs, si l'acte primitif est en l'étude ; au cas contraire, moitié de l'honoraire de l'acte principal, sans pouvoir dépasser 0,3125 o/o pour les baux et 0.625 o/o pour les autres actes.

Par un tiers dans l'acte principal
Moitié des honoraires ci-dessus.

Minimum : 12 francs.

Affiches et insertions
Affiches manuscrites : 1 franc par affiche.
Affiches imprimées : 12 francs pour droit de rédaction.
Insertion dans les journaux : 12 francs pour rédaction.

Affrètement
de 1 à 10.000 francs : 0.90 o/o.
de 10.000 à 210.000 : 0.35 o/o.
Au-dessus de 210.000 francs : 0.3125 o/o.
Minimum : 12 francs.

Ampliation (Art. 844. Pr. civ.)
16 francs.

Antériorité
(consentement à)

de 1 à 20.000 francs : 1.125 o/o.
de 20.000 à 50.000 francs : 0.875 o/o.
au-dessus de 50.000 francs : 0.75 o/o.
Sur la somme profitant d'une façon effective de l'antériorité.

Antichrèse
(Par acte séparé)

Honoraires comme en matière d'affectation hypothécaire.

Apprentissage
(Loi du 22 février 1851)

4 francs.

Arbitres et Experts
(Nomination d')

Honoraires par rôles de minute.

Assurance
(Contrat d')

Sur le montant de la valeur assurée :
de 1 à 20.000 francs : 0.225 o/o ;
de 20.000 à 50.000 francs : 0,75 o/o ;
Au-dessus de 50,000 francs : 0.15 o/o.
Minimum : 12 francs.

Autorisation

8 francs en brevet ;
12 francs en minute.

Pour faire le commerce .
12 francs en brevet.
16 francs en minute.

Aval

De 1 à 20.000 francs : 0.5625 o/o ;
de 20.000 à 50.000 francs : 0.4375 o/o ;
Au-dessus de 50.000 francs : 0.375 o/o.
Minimum : 4 francs.

Bail

I
Bail de gré à gré
—
Minimum ;
12 francs

A ferme, à loyer, à nourriture, à pâturage

De 1 à 10.000 francs : 0.90 o/o ;
de 10.000 à 210.000 francs : 0.35 o/o ;
au-dessus : 0.8125 o/o.
Sur le prix total des années du bail, augmenté des charges.

A colonage

Mêmes honoraires sur l'évaluation de la part totale des fruits revenant au propriétaire.

A cheptel

Mêmes honoraires sur l'évaluation de la part totale du croit revenant au propriétaire.

A vie

De 1 à 20.000 francs : 2.25 o/o ;
de 20.000 à 50 000 francs : 1.75 o/o ;
au-dessus : 1.50 o/o.
Sur le capital formé de dix fois la redevance annuelle.

A durée illimitée emphythéotique

De 1 à 20.000 francs : 2.25 o/o ;
de 20.000 à 50.000 francs : 1,75 o/o ;
au-dessus : 1.50 o/o
Sur le capital formé de vingt fois la redevance annuelle.

Bail . . . .

II
Bail par
adjudication
—
Minimum :
16 francs

Un quart en sus des honoraires ci-dessus.
(Cahier des charges compris).

III
Louage
d'ouvrages
d'industrie

De 1 à 10.000 francs : 0.90 o/o ;
de 10.000 à 210.000 francs : 0.35 o/o ;
au-dessus : 0.3125 o/o.
Minimum : 12 francs.

**Billet simple,
à ordre
au porteur**

De 1 à 20.000 francs : 1.125 o/o ;
de 20.000 à 50.000 francs : 0.875 o/o ;
au-dessus : 0.75 o/o.
Minimum : 8 francs.

**Bordereau
d'inscription
(Rédaction de)**

De 1 à 20.000 francs : 0.225 o/o ;
de 20.000 à 50.000 francs : 0.175 o/o ;
au-dessus : 0.15 o/o.
Minimum : 8 francs.

**Bordereau
en renouvellement
d'inscription**

De 1 à 20.000 francs : 0 225 o/o ;
de 20.000 à 50.000 francs : 0.175 o/o ;
au-dessus : 0.15 o/o.
Minimum : 8 francs.

Si l'hypothèque do être inscrite dans plusieurs arrondissements : 8 francs par bureau, en sus du premier

**Bornage
(Procès-verbal de)**

Honoraires par rôles de minutes.

**Cahier
des charges**

A
Pour vente
immobilière

Honoraires par rôles de minute :
de 6 francs, si la vente est judiciaire ;
de 10 francs, si la vente est volontaire.
Dans ce dernier cas, l'honoraire n'est dû que si la tentative d'adjudication reste sans effet.

B
Pour vente
mobilière

Honoraires de 10 francs par rôle de minute.
L'honoraire n'est dû que dans le cas où il n'y a pas d'adjudication.

**Carance
(Procès-verbal de)**

Honoraires par vacations.

Cautionnement

A
Par acte séparé

Moitié de l'honoraire de l'acte principal, sans pouvoir excéder 0.3125 o/o pour les beaux et 0.625 o/o pour les autres actes.
Minimum : 12 francs.

B
dans
l'acte contenant
l'engagement
principal

Un quart de l'honoraire de l'acte principal sans pouvoir excéder 0.3125 o/o.
Minimum : 12 francs.

**Certificat
de caution
(Par acte séparé)**

12 francs en brevet.
16 francs en minute.

**Certificat
de propriété**

A Lorsqu'il est délivré pour l'exécution d'un acte contenant partage ou mutation de propriété, sur lequel un honoraire proportionnel a été perçu dans la même étude.

8 francs.

B
Au cas contraire

0.3125 o/o.

Minimum : 12 francs.

Certificat de vie notarié	6 francs.
Cession de bail	Honoraires comme en matière de bail, sur les années restant à courir.

Cession de biens par un débiteur à ses créanciers (Art. 1265 et suiv., C.C.)

- Avec mutation de propriété : Honoraires comme en matière de vente, sur la valeur des biens abandonnés.
- Sans mutation de propriété : Moitié des honoraires ci-dessus.

Minimum : 24 francs.

Codicille — Honoraires comme en matière de testament.

Communauté d'habitation ou du travail (Acte de)

Sans apports : 12 francs.
Avec apports : Honoraires comme pour acte de société.
Minimum : 10 francs.

Compromis — Honoraires par rôles de minute.

Compte d'administration légale, d'antichrèse, de bénéfice d'inventaire, de co-propriété, d'exécution testamentaire, de gestion, de mandat, de séquestre

De 1 à 20.000 francs : 2.25 o/o ;
de 20.000 à 50.000 francs : 1.75 o/o ;
de 50.000 à 100.000 : 1.50 o/o ;
de 100.000 à 300.000 francs : 0.70 o/o ;
au-dessus de 300.000 : 0.3125 o/o.
Sur le chapitre le plus élevé en recettes ou en dépenses.
Minimum : 20 francs.

Compte de tutelle

Mêmes honoraires que ci-dessus.

S'il y a liquidation préalable dans le même acte, il est perçu, en outre, l'honoraire de liquidation sur la part revenant à l'ayant compte, sans toutefois que l'honoraire puisse être cumulé en ce qui touche les valeurs figurant à la fois dans la liquidation et dans le compte.

Minimum : 20 francs.

Récépissé de compte (par acte séparé) : 12 francs.

Arrêté de compte : 12 francs, sous réserve du cas où il y a lieu à honoraire proportionnel, à raison des conventions que renferme l'acte.

Congé

- d'acquit, de bail : 8 francs en brevet. 12 francs en minute.

Compulsoire — Honoraires par vacations.

Consentement à adoption, à entrer dans les ordres, à mariage, à tutelle officieuse

8 francs en brevet ;
12 francs en minute.

Consentement à exécution de testament ou à exécution de donation entre époux

12 francs.
Si le consentement vaut délivrance de legs, il est perçu l'honoraire de délivrance.

Consignation à la Caisse des dépôts

Autres que celles effectuées en vertu du décret du 30 janvier 1890 : 16 francs.

Constitution de pension alimentaire

A. En vertu de l'article 205 du Code Civil — De 1 à 20.000 francs : 0.5625 o/o ; de 20.000 à 50.000 francs : 0.4375 o/o ; au-dessus : 0.375 o/o.

B. Dans les autres cas — De 1 à 20.000 francs : 1.125 o/o ; de 20.000 à 50.000 francs : 0.875 o/o ; au-dessus : 0.75 o/o.

Sur le capital formé de dix fois la prestation annuelle.

Minimum : 10 francs.

Constitution de rente perpétuelle de rente viagère

A titre onéreux — Honoraires comme en matière de vente sur le capital formé de vingt fois la rente perpétuelle et de dix fois la rente viagère.
Minimum : 12 francs.

A titre gratuit — Honoraires comme en matière de donation ou de testament.
Minimum : 12 francs.

Contrat de mariage

A. Sur les apports cumulés des époux (déduction faite des charges) — De 1 à 20.000 francs : 1.125 o/o ; de 20.000 à 50.000 francs : 0.875 o/o ; de 50.000 à 100.000 francs : 0.75 o/o ; de 100.000 à 300.000 francs : 0.35 o/o ; au-dessus : 0.15625 o/o.

B. Sur les dots (sans distinction de lignes) — De 1 à 20.000 francs : 2.25 o/o ; de 20.000 à 50.000 francs : 1.75 o/o ; de 50.000 à 100.000 francs : 1.50 o/o ; de 100.000 à 300.000 francs : 0.70 o/o ; au-dessus de 300.000 francs : 0.3125 o/o.

C. Donation éventuelle — 20 francs.
Institution contractuelle — 24 francs.

Sans préjudice du droit proportionnel à percevoir au décès(comme en matière de testament.

D. Promesse d'égalité : 12 francs.
Minimum du contrat : 30 francs.
Si le contrat n'est pas suivi de célébration, l'honoraire est perçu par rôles de minute.
E. Résiliation du contrat de mariage : 20 francs.

Contre-lettre à contrat de mariage

Honoraires comme en matière de contrat de mariage.
Minimum : 20 francs.

Crédit (Ouverture de)	Avec garantie : Honoraires comme en matière d'obligation. Sans garantie : Moitié des honoraires ci-dessus. Minimum : 10 francs.
Dation en paiement	Honoraires comme en matière de vente de gré à gré. Minimum : 10 francs.
Décharge (par acte séparé) de cautionnement, d'exécution testamentaire, de mandat d'objets mobiliers, de pièces, de solidarité	8 francs en brevets ; 12 francs en minute.
Décharge de dépôt de sommes ou valeurs	De 1 à 20.000 francs : 0.5625 o/o ; de 20.000 à 50.000 francs : 0.4375 o/o ; au-dessus : 0.375 o/o ; Minimum : 10 francs.
Déclaration pure et simple	Honoraires par rôles de minutes.
Déclaration de command.	8 francs jusqu'à 1.000 francs ; 16 francs jusqu'à 5.000 francs ; 24 francs jusqu'à 10.000 francs ; 32 francs au-dessus.
Déclaration d'emploi (Par acte séparé)	Honoraires comme en matière d'acceptation d'emploi.
Déclaration d'apport ou de fortune	Honoraires par rôles de minute.
Déclaration de grossesse ou de parternité	20 francs.
Déclaration d'hypothèque	12 francs.
Déclaration de mobilier pour éviter une confusion	Honoraires par rôles de minute.
Déclaration de privilège de second ordre	A. Si elle est faite à la suite d'un acte d'emprunt reçu dans l'étude : 16 francs. B. Dans les autres cas : De 1 à 20.000 francs : 1.125 o/o ; de 20.000 à 50.000 francs : 0.875 o/o ; au-dessus : 0.75 o/o. Minimum : 10 francs.

Déclaration préalable aux ventes et meubles

8 francs.

Déclaration de succession

A. S'il y a liquidation faite ou en cours } 0.20 o/o.

B. Dans le cas contraire { De 1 à 100.000 francs : 0.50 o/o ; de 100.000 à 500.000 francs : 0.25 o/o; au-dessus : 0.10 o/o.

Minimum : 8 francs.

Sur l'ensemble des biens et valeurs énoncés dans la déclaration de succession.

Si la liquidation intervient postérieurement à la déclaration de succession, le tarif de cette déclaration est réduit à 0.20 o/o et l'excédent d'honoraire qui aurait été perçu est imputé sur l'honoraire de liquidation.

Délégation de créance

A. Parfaite (Par acte séparé) { Honoraires comme en matière d'obligation. Minimum 10 francs.

B. Imparfaite : 12 francs.

C. Lorsque la délégation parfaite intervient dans un acte dont elle n'est pas l'objet principal : Moitié des honoraires perçus en matière d'obligation.

Minimum : 10 francs.

Délivrance de legs

A. Ayant pour objet une somme d'argent ou des valeurs mobilières :

1° Sur l'acte de délivrance avec décharge { De 1 à 20.000 francs : 1.125 o/o ; de 20.000 à 50.000 francs : 0.875 o/o ; au-dessus : 0.75 o/o ;

Sans décharge ni quittance { De 1 à 20.000 francs : 0.5625 o/o ; de 20.000 à 30.000 francs 0.4375 o/o ; au-dessus : 0.375 o/o ;

2° Sur la décharge ou quittance ultérieure { De 1 à 20.000 francs : 0.5625 o/o; de 20.000 à 30.000 francs : 0.4375 o/o au-dessus : 0.375 o/o ;

B. Ayant pour objet des immeubles ou des objets mobiliers, avec ou sans décharge { De 1 à 20.000 francs : 0.5625 o/o ; de 20.000 à 50.000 francs : 0.4375 o/o ; au-dessus : 0.375 o/o ;

Minimum : 10 francs.

Délivrance de seconde grosse (Procès-verbal de)

16 francs.
Non compris les rôles de copies.

Dépôt d'actes sous-seing privé autres que les testaments olographes

A. Si le dépôt est fait par toutes les parties avec reconnaissance de leurs écritures, l'honoraire perçu sera celui auquel aurait donné lieu l'acte authentique contenant a convention.

B. Dans le cas où le dépôt n'est pas fait par toutes les parties : Moitié de l'honoraire précédent.

Dépôt d'extraits de contrat de mariage (Art. 67-68, C. Com.)	12 francs pour les 4 extraits, non compris le coût des extraits.

Dépôt et insertion en matière de société (Art. 55, 56, 59 de la loi du 24 juillet 1867)	I Dépôt	10 francs par localité, non compris le coût de l'expédition.
	II Insertion	12 francs pour la rédaction et l'envoi.

Dépôt de pièces authentiques et autres (acte de)	Honoraires par rôles de minute.
Dépôt au greffe de procès-verbal de difficultés ou autres actes	Une vacation.
Dépôt de sommes et valeurs ou objets à un particulier	Honoraires par rôles de minute.
Désaveu de paternité	20 francs.
Désistement d'appel, d'instance, d'hypothèque, ou de privilège, de plainte, de réméré, etc.	8 francs en brevet. 12 francs en minute.
Devis et marchés	Honoraires comme en matière de vente ou de louage, suivant le cas.
Dispense de notification de contrat, de signification de transport, de congé, etc.	8 francs en brevet. 12 francs en minute. Et en plus 4 francs par chaque partie en sus de la première, ayant un intérêt distinct et intervenant dans l'acte.
Dispense de rapport par le donateur (faite par acte séparé)	24 francs.
Dissolution de société d'habitation et de travail	12 francs.
Distribution de deniers par contribution	De 1 à 20.000 francs : 2.25 o/o ; de 20.000 à 50.000 francs : 1.75 o/o ; de 50.000 à 300.000 francs : 1.50 o/o ; de 300.000 à 500.000 francs : 0.70 o/o ; de 500.000 à 1 million de francs : 0.625 o,o au-dessus : 0.3125 o/o ; Minimum : 20 francs.

Donation entre vifs

I — Acceptée

En ligne directe

De 1 à 20.000 francs : 2.25 o/o :
de 20.000 à 50.000 francs : 1.75 o/o ;
de 50.000 à 300.000 francs : 1.50 o/o ;
de 300.000 à 500.000 francs : 0.70 o/o ;
de 500.000 à 600.000 francs : 0.625 o/o ;
au-dessus : 0·3125 o/o ;

En ligne collatérale et entre étrangers

De 1 à 20.000 francs : 2.8125 o/o ;
de 20.000 à 50.000 francs : 2,1875 o/o ;
de 50.000 à 300.000 francs : 1.875 o/o ;
de 300.000 à 500.000 francs : 1.05 o/o ;
de 500.000 à 600.000 francs : 0.9375 o/o ;
au-dessus : 0.625 o/o ;
Sur la valeur des biens donnés.

II — Non acceptée — Les trois quarts de l'honoraire de la donation acceptée.

III — Acceptation de donation — Le quart de l'honoraire de la donation acceptée

Minimum : 20 francs.

Donation entre époux pendant le mariage

Honoraires de rédaction

En l'étude : 16 francs.
Au domicile des parties : 24 francs.
La nuit : 40 francs.

Honoraires dus au décès — Comme en matière de testament.

Echange ....

Honoraires comme en matière de vente sur la valeur la plus forte des deux lots échangés.
Minimum : 10 francs.

Endossement

De 1 à 20.000 francs : 1.125 o/o ;
de 20.000 à 50.000 francs : 0.875 o/o ;
au-dessus : 0.75 o/o.
Minimum : 4 francs.

Engagement de gens de mer

De 1 à 10.000 francs : 0.90 o/o ;
de 10.000 à 210.000 francs : 0.35 o/o ;
au-dessus : 0. 3125 o/o.
Minimum : 12 francs

Engagement théâtral

De 1 à 10.000 francs : 0 90 o/o ;
de 10.000 à 210.000 francs : 0.35 o/o ;
au-dessus : 0.3125 o/o.
Minimum : 12 francs.

Etablissement d'origine de propriété (Par acte séparé) — Honoraires par rôles de minutes.

Etat de dettes, de meubles — Honoraires par rôles de minute.

Etat de lieux (Procès-verbal d') — Honoraires par rôles de minute.

Experts (nomination d') — Honoraires par rôles de minute.

Formalités hypothécaires

Pour les réquisitions de transcription d'actes translatifs de propriété, y compris les réquisitions d'état d'inscriptions, de saisies et de transcriptions, et les certificats de non-transcription et de non-résolution ou rescision.

(En ce, nou compris l'envoi des pièces).

	Notaires résidant	Notaires ne résidant pas au siège de la conservation des hypothèques
Sur les actes représentant :		
un capital de moins de 500 francs.	3 »	3 ».
» 1.000 francs.	5 »	5 »
» 2.000 francs.	7 »	7 »
» 5.000 francs.	12 »	12 »
au-dessus de 5.000	16 »	16 »
Pour les réquisitions d'états d'inscriptions et de radiations	4 »	6 »
Pour toutes les autres réquisitions	2 »	3 »
Pour port de chaque envoi de pièces		2 »

Gage et nantissement

Honoraires comme en matière d'affectation hypothécaires.

Indivision (Convention d')

Honoraires par rôles de minute.

Inventaire

Honoraires par vacations.

Légalisation par le juge de paix ou le président du tribunal de première instance

0.50 par pièce légalisée.

Légalisation dans un ministère, une ambassade, ou un consulat

2 francs par pièce légalisée.

Lettre de change

De 1 à 20.000 francs : 1.125 o/o ;
de 20.000 à 50.000 francs : 0.875 o/o ;
au-dessus : 0.75 o/o ;
Minimum : 4 francs.

Licitation

A. De gré à gré

Si l'indivision cesse, honoraires comme en matière de partage C, sur l'ensemble des biens licités.

Minimum : 30 francs.

Dans le cas contraire : Honoraires comme en matière de vente, sur la part acquise.

Minimum : 10 francs.

B. Par adjudication volontaire

Honoraires comme en matière de vente par adjudication volontaire.

L'honoraire est perçu sur le prix total des immeubles licités.

C. Judiciaire

Article 14 de l'ordonnance du 10 octobre 1841 et loi du 23 octobre 1884.

(Voir adjudication).

Liquidation de reprises	De 1 à 20.000 francs : 2.25 o/o ; de 20.000 à 50.000 francs : 1.75 o/o ; de 50.000 à 300.0 0 francs : 1.50 o/o ; de 300.000 à 500.000 francs : 1.05 o/o ; de 500.000 à 600.000 francs : 0.9375 o/o ; de 600.000 à 1 million : 0.625 o/o ; de 1 million à 5 millions : 0.3125 o/o ; au-dessus de 5 millions : 0.15625 o/o. Sur les sommes payées ou garanties, augmentées de la moitié du surplus de la créance de la femme. De 1 à 20.000 francs : 0.225 o/o. de 20.000 à 50.000 francs : 0.175 o/o ; au-dessus : 0.15 o/o. Sur les reprises en nature. Minimum : 30 francs.
Mainlevée d'écrou ou de saisie	8 francs en brevet. 12 francs en minute.
Mainlevée d'inscription hypothécaire, de privilège	**A. Définitive ou partielle réduisant la créance** De 1 à 20.000 francs : 0.225 o/o ; de 20.000 à 50.000 francs : o.175 o/o ; au-dessus : 0.15 o/o. Minimum : 12 francs. B. Réduisant le gage : 12 francs. Lorsqu'il y a eu une ou plusieurs mainlevées partielles réduisant la créance, l'honoraire pour mainlevée définitive est perçu seulement sur la somme qui restait garantie.
Mention marginale	4 francs.
Mines et carrières (cession ou exploitation)	Honoraires comme en matière de vente.
Mitoyenneté	Abandon : 10 francs. Cession ; Honoraires comme en matière de vente. Convention : Honoraires par rôles de minute.
Nomination	De conseil à une mère tutrice ou de tuteur (art. 391-397, C. C.) : 20 francs. D'exécuteur testamentaire : 20 francs. De séquestre, gardien ou dépositaire : 12 francs.
Notoriété (acte de)	Simple 8 francs en brevet ; 12 francs en minute. Complexe 16 francs en brevet ; 24 francs en minute.
Obligation	De 1 à 20.000 francs : 2.25 o/o ; de 20.000 à 50.000 francs : 1.75 o/o ; de 50.000 à 150.000 francs : 1.50 o/o ; de 150.000 à 300.000 francs : 1.05 o/o ; de 300.000 à 600.000 francs : 0.625 o/o ; au-dessus : 0.3125 o/o ; Minimum : 10 francs.

Ordre amiable (avec ou sans quittance)

Honoraires comme en matière de distribution de deniers.

Partage volontaire ou judiciaire — Partage anticipé ou d'ascendants (Art. 1075, C. C.)

A. Avec ou sans liquidation. de communauté, de succession ou de société

De 1 à 10.000 : francs : 2.25 o/o ;
de 20.000 à 50.000 francs : 1.75 o/o ;
de 50.000 à 300.000 francs : 1.50 o/o ;
de 300.000 à 500.000 francs : 1.05 o/o ;
de 500.000 à 600.000 francs : 0.9375 o/o ;
de 600.000 à 1 million : 0.625 o/o ;
de 1 million à 5 millions : 0.3125 o/o ;
au-dessus : o.15625 o/o ;
Sur l'actif brut, rapports non compris, déduction faite des legs particuliers,
Minimum : 30 francs.

B. Liquidation sans partage

Moitié des honoraires ci-dessus.
Minimum : 30 francs.

C. Partage de biens indivis dans les cas autres que ceux prévus au paragraphe A ci-dessus

Les trois quarts des honoraires perçus en matière de partage A.
Minimum 20 francs.

Partage anticipé ou d'ascendants (Art. 1075 C. C.)

De 1 à 20.000 francs : 2.25 o/o ;
de 20.000 à 50.000 francs : 1.75 o/o ;
de 50.000 à 300.000 francs : 1.50 o/o ;
de 300.000 à 500.000 francs : 0.70 o/o ;
de 500.000 à 600.000 francs : 0.625 o/o ;
de 600.000 à 5 millions : 0.3125 o/o ;
au-dessus : 0.15625 o/o.
Minimum : 24 francs,

Partage testamentaire

A. Droit exigible au moment de la rédaction de l'acte

Honoraires par rôles de minute.
Minimum : 40 francs.

B. Au décès

Honoraires comme en matière de partage A.

Procès-verbal de dires et protestations, de difficultés

Honoraires par rôles de minute.

Procuration

Spéciale

8 francs en brevet.
12 francs en minute.

Générale ou prévue par l'article 2 de la loi du 21 juin 1843.

12 francs en brevet.
16 francs en minute.

Promesse de vente

De 1 à 20.000 francs : 0.5625 o/o ;
de 20.000 à 50.000 francs : 0.4375 o/o ;
au-dessus : 0.375 o/o.
Avec imputation sur l'honoraire de vente, si elle se réalise dans la même étude.
Minimum : 10 francs.

Prorogation de délai	De 1 à 20.000 francs : 1.125 o/o ; de 20.000 à 50.000 francs : 0.875 o/o ; de 50.000 à 300.000 francs 0.75 o/o ; de 300.000 à 500.000 francs : 0.525 o/o ; au-dessus : 0.3125 o/o. Minimum : 10 francs.
Prorogation de bail	Honoraires comme en matière de bail, sur les années restant à courir.
Protêt	Décret du 23 mars 1848.
Purge légale	Honoraires par vacations.
Quittance........	**A.** Pure et simple ou dans les cas prévus par les articles 1250, § 2 et 1251 du Code Civil : De 1 à 20.000 francs : 1.125 o/o ; de 20.000 à 50.000 francs : 0.875 o/o ; de 50.000 à 300.000 francs : 0.75 o/o ; de 300.000 à 500.000 francs : 0.525 o/o ; au-dessus : 0.3125 o/o. Minimum : 12 francs. **B.** D'ordre judiciaire : De 1 à 20.000 francs : 1.6875 o/o ; de 20.000 à 50.000 francs : 1.3125 o/o ; de 50.000 à 300.000 francs : 1.125 o/o ; de 300.000 à 500.000 francs : 0.70 o/o ; au-dessus : 0.3125 o/o. Minimum : 12 francs. **C.** Subrogative (Art. 1250, § 1, du Code Civil) : Honoraires comme en matière d'obligation. Minimum : 10 francs.
Rachat par réméré	Honoraires comme en matières de quittance pure et simple.
Rapport pour minute	12 francs.
Ratification	8 francs en brevet. 12 francs en minute. Et en plus 4 francs par chaque partie, en sus de la première ayant un intérêt distinct et intervenant dans l'acte.
Réalisation de crédit	12 francs.
Recherche (Droit de)	Si l'année est indiquée : 1 franc. Au cas contraire : 2 francs. Si la recherche a pour objet la délivrance d'une expédition ou la réception d'un acte, l'honoraire n'est pas dû.
Recolement	Honoraires par vacations.
Reconnaissance de dot, de reprises, de droits paraphernaux	Honoraires comme en matière d'apports en mariage.
Reconnaissance d'enfant naturel	20 francs.

Reconnaissance d'hypothèque	12 francs.
Reconnaissance de dette	Honoraires comme en matière d'obligation. Minimum : 10 francs.
Réduction d'hypothèque	Voir mainlevée.
Référé	Honoraires par vacations.
Règlement d'indemnité en cas d'expropriation pour cause de déclaration d'utilité publique	A. Avant le jugement d'expropriation : Honoraires comme en matière de vente. B. Après le jugement : Honoraires comme en matière de quittance pure et simple.
Reméré (Vente à)	Honoraires comme en matière de vente.
Remise de dette	Honoraires comme en matière de quittance pure et simple,
Renonciation (par acte séparé)	8 francs en brevet. 12 francs en minute.
Renonciation à hypothèque légale	A. A la suite d'un acte authentique ou de dépôt, avec reconnaissance d'écriture, d'un acte de vente sous signature privée : 12 francs. B. Dans les autres cas : Moitié de l'honoraire qui aurait été perçu sur l'acte de vente.
Représentation	De présumé absent (art. 113, C. C.). De non présent (art. 942, C. proc. civ) D'aliéné non interdit (art. 36, loi du 30 juin 1888). Honoraires par vacations
Reprise de la vie commune (Art. 311, C. C.)	20 francs.
Résiliation	A. De vente Dans les 24 heures : 12 francs. Après ce délai : Moitié de l'honoraire de l'acte résilié. B. De bail Moitié de l'honoraire de bail, sur les années restant à courir.
Rétablissement de communauté (acte de) (Art. 1451 C. C.)	1/5 des honoraires du contrat de mariage.
Retrait de droits litigieux d'indivision successoral	Honoraires comme en matière de quittance pure et simple.
Révocation	De conseil à la mère tutrice : 12 francs. De donation entre époux : 16 francs. De mandat ou de substitution. 8 francs en brevet. 12 francs en minute. De testament : 16 francs.

Société (acte de)

Anonyme, en commandite, par actions
De 1 à 50.000 francs : 1.25 o/o ;
de 50.000 à 200.000 francs : 0.625 o/o ;
de 200.000 à 1 million de frs : 0.3125 : o/o ;
au-dessus : 0.125 o/o.
Minimum : 40 francs.

Déclaration de souscription du capital social
A. Si l'acte de société a été reçu dans l'étude : 40 francs.
B. Dans le cas contraire : moitié de l'honoraire qui aurait été perçu sur l'acte de société.

Autres sociétés
De 1 à 50.000 francs : 1.25 o/o ;
de 50.000 à 200.000 francs : 0.625 o/o ;
de 200.000 à 1 million de frs : 0.3125 o/o ;
au-dessus : 0.125 o/o.
Minimum : 40 francs.

Prorogation de société
Moitié des honoraires ci-dessus et honoraire entier sur les nouveaux apports, s'il y en a.

Dissolution de société
24 francs, sous réserve du cas ou il y a lieu à honoraire proportionnel, à raison des conventions que renferme l'acte.

Sous-bail
Honoraires comme en matière de bail.

Substitution de pouvoirs
8 francs en brevet.
12 francs en minute.

Testament olographe
Présentation au président du tribunal et retrait (art. 1007 C. C.) : 16 francs.
Acte de dépôt, s'il y a lieu : 12 francs.
Moitié des honoraires perçus en matière de testament authentique.

Testament public ou authentique

A. Droit fixe exigible lors de la rédaction de l'acte
A l'étude : 20 francs.
Au domicile des parties : 30 francs.
La nuit : 50 francs.

Droit dû au décès du testateur sur les dispositions contenues dans le testament (Art. 17 des dispositions générales)

En ligne directe et entre époux
De 1 à 20.000 francs : 2.25 o/o ;
de 20 000 à 50.00 francs : 1.75 o/o ;
de 50.000 à 300.000 francs : 1.50 o/o ;
de 300.000 à 500.000 francs : 0.70 o/o ;
de 500.000 à 600.000 francs : 0.625 o/o ;
au-dessus : 0.3125 o/o.

En ligne collatérale
De 1 à 20.000 francs : 2.8125 o/o ;
de 20.000 à 50.000 francs : 2.1875 o/o ;
de 50.000 à 300.000 francs : 1.875 o/o ;
de 300.000 à 500.000 francs : 1.05 o/o ;
de 500.000 à 600.000 francs : 0.9375 o/o ;
au-dessus : 0.625 o/o.

Entre étrangers
de 1 à 20.000 francs : 3.375 o/o ;
de 20.000 à 50.000 francs : 2.625 o/o :
de 50.000 à 300.000 francs 2.25 o/o ;
de 300.000 à 500.000 francs : 1.40 o/o ;
de 500.000 à 600,000 francs : 1.25 o/o ;
au-dessus : 0.625 o/o.

Testament mystique

A. Acte de souscription : 40 francs.

B. Présentation au président et retrait : 16 francs.

C. Sur les dispositions du testament, au décès : Honoraires comme en matière de testament authentique.

Tirage au sort des lots

Moitié des honoraires perçus en matière de partage, mais seulement dans le cas où cette opération a été la seule pour laquelle le notaire ait été commis.

Titre nouvel

Moitié des honoraires perçus sur le titre originaire.

Transaction

Cet acte donne ouverture à l'honoraire spécial de la convention à laquelle il aboutit et, de plus, s'il y a lieu, à un honoraire particulier réglé d'après les difficultés d'affaires et les soins donnés à sa conclusion, conformément à l'article 2 de la loi du 20 juin 1896.

Translation d'hypothèques

A. Portant sur la totalité du gage : Honoraires comme en matière d'affectation hypothécaire.

B. Partielle : Mêmes honoraires perçus sur une somme qui sera fixée eu égard au montant de la créance, en tenant compte du rapport existant entre la valeur des biens dégrevés et celle de la totalité du gage.

Minimum : 10 francs.

Transport de créances

Honoraires comme en matière d'obligation.

Minimum : 10 francs.

Transport de droits litigieux et successifs

Honoraires comme en matière de vente.

Usufruit (cession ou don d')

Honoraires comme en matière de vente ou de donation, suivant le cas.

Vente de gré à gré d'immeubles, fonds de commerce, valeurs commerciales et industrielles, droits incorporels, bois, taillis, fruits, récoltes, etc., meubles et objets mobiliers

De 1 à 20.000 francs : 2.25 o/o ;

de 20.000 à 50.000 francs : 1.75 o/o ;

de 50.000 à 300.000 francs : 1.50 o/o ;

de 300.000 à 500.000 francs : 1.05 o/o ;

de 500.000 à 1 million de francs : 0.625 o/o ;

au-dessus : 0.3125 o/o.

Vente par adjudication volontaire d'immeubles (cahier des charges compris)

Sur chaque lot séparément :

de 1 à 10.000 francs : 4.50 o/o ;

de 10.000 à 100.000 francs : 2.10 o/o ;

de 100.000 à 300.000 francs : 1.25 o/o ;

au-dessus : 0.625 o/o

Si dans le délai de 4 mois après une tentative d'adjudication restée infructueuse, la vente est réalisée de gré à gré, l'honoraire d'adjudication est dû.

En aucun cas l'honoraire ne devra dépasser 4 o|o de la valeur des immeubles.

Vente par adjudication judiciaire ou volontaire de créances, droits incorporels, fonds de commerce (Cahier des charges compris)

De 1 à 10.000 francs : 4.50 o/o ;

de 10.000 à 100.000 francs : 2.10 o/o ;

de 100.000 à 300.000 francs : 1 25 o/o ;

au-dessus : 0.625 o/o.

Vente par adjudication de fruits et récoltes pendants par racines, de coupes de bois, taillis, futaies aménagées ou non, et de tourbage	Sur le produit de la vente, et s'il y a plusieurs lots au nom du même vendeur sur l'ensemble des lots de 1 à 10.000 francs : 4.50 o/o ; de 10.000 à 210.000 francs : 0.35 o/o , au-dessus : 0.3125 o/o. Minimum : 12 francs. Recouvrement éventuel si le paiement est à terme de 1 à 20.000 francs : 2.25 o/o ; de 20.000 à 50.000 francs : 1.75 o/o ; au-dessus : 1.50 o/o. Consignation éventuelle : 12 francs.
Vente par adjudication de meubles, objets mobiliers, d'arbres au détail et de bateaux	De 1 à 20.000 francs : 13.50 o/o ; de 20.000 à 50.000 francs : 10.50 o/o ; au-dessus : 9 o/o. Outre vacations s'il y a lieu, pour préparation des articles mis en vente, et diverses rétributions prévues par la loi du 18 juin 1843, lesquelles doivent être majorées conformément au décret du 29 janvier 1927.
Vente par adjudications judiciaires d'immeubles	Les notaires commis pour les adjudications judiciaires d'immeubles ont droit, sur le prix des biens vendus et sous réserve de l'application de la loi du 23 octobre 1884, aux trois quarts des honoraires prévus par l'article 29 du décret du 29 décembre 1919, portant fixation du tarif des frais et dépens en ce qui concerne les avoués, les honoraires à percevoir par le notaire sont donc : De 1 à 10.000 francs : 1.875 o/o ; de 10.000 à 20.000 francs : 1.50 o/o ; de 20.000 à 100.000 francs : 0.75 o/o ; de 100.000 à 300.000 francs : 0.5625 o/o ; de 300.000 à 1 million de francs : 0.375 o/o ; au-dessus : 0.1875 o/o.

BARÈME

POUR LE CALCUL DES HONORAIRES DU TARIF LÉGAL

DES NOTAIRES

DU RESSORT DE LA COUR D'APPEL DE LYON

D'APRÈS LES DISPOSITIONS COMBINÉES

DES DÉCRETS DES 25 AOUT 1898 ET 29 JANVIER 1927

| | Jusqu'à 10.000 | de 10.000 à 20.000 | | de 20.000 à 50.000 | | de 50.000 à 100.000 | |
	Taux	Taux	à ajouter honoraires sur 10.000	Taux	à ajouter honoraires sur 20.000	Taux	à ajouter honoraires sur 50.000
Acceptation d'emploi (Tranche unique)	0.5625	0.5625	56.25	0.4375	112.50	0.375	243.75
Bail et louage d'ouvrage	0.90	0.35	90 »	0.35	125 »	0.35	230 »
Certificat de propriété (Tranche unique)	0.3125	0.3125	31.25	0.3125	62.50	0.3125	156.25
Compte d'administration	2.25	2.25	225 »	1.75	450 »	1.50	975 »
Contrat de mariage. — Apports	1.125	1.125	112.50	0.875	225 »	0.75	487.50
Contrat de mariage. — Dots	2.25	2.25	225 »	1.75	450 »	1.50	975 »
Délivrance de legs avec décharge (tranche unique)	1.125	1.125	112.50	0.875	225 »	0.75	487.50
Déclaration de succession (avec liquidation)	0.20	0.20	20 »	0.20	40 »	0.20	100 »
Déclaration de succession (sans liquidation)	0.50	0.50	50 »	0.50	100 »	0.50	250 »
Donation entre vifs (ligne directe)	2.25	2.25	225 »	1.75	450 »	1.50	975 »
Donation entre vifs (collatérale et étrangers)	2.8125	2.8125	281.25	2.1875	562.50	1.875	1.218.75
Liquidation et partage	2.25	2.25	225 »	1.75	450 »	1.50	975 »
Obligation	2.25	2.25	225 »	1.75	450 »	1.50	975 »
Quittance	1.125	1.125	112.50	0.875	225 »	0.750	487.50
Testament authentique (ligne directe)	2.25	2.25	225 »	1.75	450 »	1.50	975 »
Testament authentique (ligne collatérale)	2.8125	2.8125	281.25	2.1875	562.50	1.875	1.218.75
Testament authentique (étrangers)	3.375	3.375	337.50	2.625	675 »	2.25	1.462.50
Vente par adjudication (¹)	4.50	2.10	450 »	2.10	600 »	2.10	1.260 »
Vente de gré à gré	2.25	2.25	225 »	1.75	450 »	1.50	975 »

| | de 100.000 à 200.000 | | de 200.000 à 300.000 | | de 300.000 à 500.000 | | de 500.000 à 600.000 | | de 600.000 à 1 million | | de 1 million à 3 millions | |
	Taux	à ajouter honoraires sur 100.000	Taux	à ajouter honoraires sur 200.000	Taux	à ajouter honoraires sur 300.000	Taux	à ajouter honoraires sur 500.000	Taux	à ajouter honoraires sur 600.000	Taux	à ajouter honoraires sur 1 million
Acceptation d'emploi (Tranche unique)	0.375	431.25	0.375	806.25	0.375	1.181.25	0.375	1.931.25	0.375	2.306.25	0.375	3.806.25
Bail et louage d'ouvrage	0.35	405 »	0.3125	765 »	0.3125	1.071.25	0.3125	1.696.25	0.3125	2.008.75	0.3125	3.258.75
Certificat de propriété (Tranche unique)	0.3125	312.50	0.3125	625 »	0.3125	987.50	0.3125	1.562.50	0.3125	1.875 »	0.3125	3.125 »
Compte d'administration	0.70	1.725 »	0.70	2.425 »	0.3125	3.125 »	0.3125	3.750 »	0.3125	4.062.50	0.3125	5.312.50
Contrat de mariage. — Apports	0.35	862.50	0.35	1.212.50	0.15625	1.562.50	0.15625	1.875 »	0.15625	2.031.25	0.15625	2.656.25
Contrat de mariage. — Dots	0.70	1.725 »	0.70	2.425 »	0.3125	3.125 »	0.3125	3.750 »	0.3125	4.062.25	0.3125	6.312.50
Délivrance de legs avec décharge (tranche unique)	0.75	862.50	0.75	1.612.50	0.75	2.362.50	0.75	3.862.50	0.75	4.612.50	0.75	7.612.50
Déclaration de succession (avec liquidation)	0.20	200 »	0.20	400 »	0.20	600 »	0.20	1.000 »	0.20	1.200 »	0.20	2.000 »
Déclaration de succession (sans liquidation)	0.25	500 »	0.25	750 »	0.25	1.000 »	0.10	1.500 »	0.10	1.000 »	0.10	2.000 »
Donation entre vifs (ligne directe)	1.50	1.725 »	1.50	3.225 »	0.70	4.725 »	0.625	6.125 »	0.3125	6.750 »	0.3125	8.000 »
Donation entre vifs (collatérale et étrangers)	1.875	2.156.25	1.875	4.031.25	1.05	5.906.25	0.9375	8.006.25	0.625	8.943.75	0.625	11.443.75
Liquidation et partage	1.50	1.725 »	1.50	3.225 »	1.05	4.725 »	0.9375	6.825 »	0.625	7.762.50	0.3125	10.382.50
Obligation	1.50 (²) / 1.05 (³)	1.125 » / 1.725 »	1.05	3.000 »	0.625	4.050 »	0.625	5.300 »	0.3125	5.925 »	0.3125	7.175 »
Quittance	0.750	862.50	0.750	1.012.50	0.525	2.362.50	0.3125	3.462.50	0.3125	3.715 »	0.3125	4.965 »
Testament authentique (ligne directe)	1.50	1.725 »	1.50	3.225 »	0.70	4.725 »	0.625	6.125 »	0.3125	6.750 »	0.3125	8.000 »
Testament authentique (ligne collatérale)	1.875	2.156.25	1.875	4.031.25	1.05	5.906.25	0.9375	8.006.25	0.625	8.943.75	0.625	11.443.75
Testament authentique (étrangers)	2.25	2.587.50	2.25	4.837.50	1.40	7.087.50	1.25	9.897.50	0.625	11.137.50	0.625	13.637.50
Vente par adjudication (¹)	1.25	2.340 »	1.25	3.590 »	0.625	4.840 »	0.625	6.090 »	0.625	6.715 »	0.625	9.215 »
Vente de gré à gré	1.50	1.725 »	1.50	3.225 »	1.05	4.725 »	0.625	6.825 »	0.625	7.490 »	0.3125	9.950 »

(¹) L'application de ces dispositions aux adjudications volontaires d'immeubles ne devra jamais entraîner la perception d'un honoraire supérieur à 4 o/o de la valeur des dits immeubles.

(²) Jusqu'à 210.000 francs le taux est de 0.35 o/o et à partir de 210.000 francs il est de 0.3125 o/o.

(³) De 100.000 à 150.000 francs le taux est de 1.50 o/o et de 150.000 à 200.000 francs il est de 1.05 o/o.